Il mio libro.

Questo libro è stato scritto durante un viaggio di 10 giorni a Roma. Dopo aver partecipato ad un evento ho deciso di iniziare a scrivere e non credevo mi lasciassi prendere così, io non sono mai stato bravo a scrivere, e quindi non mi sento uno scrittore, ma ho voluto solo raccontare come è cambiato il modo di comunicare e di fare marketing nel 21° Secolo.

In solo 20 anni, da quando ero bambino siamo passati dal Vic 20 allo Smarphone. Una evoluzione che ci ha costretti a subire un cambiamento epocale nel mondo della comunicazione e del marketing.

In questo libro faremo un viaggio in questi 20 anni e andremo a scoprire come il mondo dei social network ha stravolto il modo di comunicare sia alle persone e di conseguenza alle aziende.

Vedremo il Lato oscuro di facebook e come le aziende possono sfruttare questo strumento per delle campagne marketing efficaci e con un altissimo ROI (ritorno sull'investimento)

Indice:

Ringraziamenti.

E' doveroso ringraziare alcune persone importanti della mia Vita.

In Primis i miei Genitori. Antonino Segreto e Marilena Pacifico per avermi donato il loro infinito amore avermi sempre lasciato libero di fare le mie scelte e di sbagliare, mi hanno dato la forza di rialzarmi e continuare a volte ricominciando tutto da zero.

Per avermi permesso di studiare all'università che io ho scelto e desideravo aiutandomi a vivere la mia vita e realizzare i miei sogni.

Mia Sorella Anna per aver condiviso insieme a me tutta la mia infanzia e con cui condividero tutta la mia vita, insieme anche a mio cognato Giovanni che ormai è per me come un fretello.

I miei amici, di cui alcuni di loro mi dicono ancora …. "Ma non ho capito che lavoro fai??" Giuseppe, Alessandro, Piero, Paolo, Rosario le persone con cui mi sono divertito, confrontato ed a volte anche lavorato, ma sempre con tanta sincerità e fiducia reciproca.

La Nonna Giulia, (83 anni), Nonna acquisita che voglio bene come una nonna naturale che ha corretto la prima stesura del libro.

Ed infine alla Persona che amo oggi mia moglie Maria Tagliavia, la donna che mi sopporta e mi supporta giornalmente, il punto di vista opposto a me, che mi fa vedere il mondo da due prospettive completamente diverse ma che appunto si completano all'infinito.Mio figlio che mi dà il motivo il perché e forse anche per questo che sono riuscito a scrivere questo mio primo libro proprio per lui. La luce della mia vita.

Alle persone che in questi anni mia hanno formato, nel bene e nel male nel lavoro che oggi faccio e che amo.

Paolo Landi, e Mik Cosentino.

Paolo per una formazione aziendale off line, comunicazione, leadership, mentre Mik l'evoluzione cioè il mondo On-line.

Al mie colleghi di lavoro che ho incontrato nel mio cammino imprenditoriale, Gianfranco, Fabrizio, Antonella, il mitico Prof. Perfetto, tutto il team di cui oggi mi ritrovo il presidente in Italia dell'azienda AiYellow di questa fantastica famiglia che si sta formando e che sono veramente tanti.

Ringrazio il Mio Team di Leader, il "Team dei 100 Leader" : Elisa, Roberto, Nicola, Andrea, Sergio, Marco, Riccardo, Mariantonietta, Nunzio, Ricardo, ecc. ecc. ovviamente tutti i 100 Leader uno per uno.

Ringrazio a tutte le persone che mi hanno preso in giro, mi hanno deriso anche alle spalle, quando iniziavo a lavorare nel mondo del Netowork Marketing e che oggi quando mi incontrano mi dicono ... "Sai io ero proprio uno di quelli ed oggi ti faccio i miei complimenti perché ce l'hai fatta".

Mi sento solo all'inizio, all'inizio di un cammino, che non so bene di preciso dove mi porterà, ma finalmente so che mi porterà tante cose meravigliose.

Prefazione

Ho iniziato a scrivere questo libro perché voglio farvi vedere com'è cambiato il modo di fare Marketing negli ultimi 20 anni.

Sia per le Aziende tradizionali off-line: pizzerie, ristoranti, abbigliamento, gioielleria ecc., sia per le categorie di professionisti architetti, avvocati, commercialisti, sia per le aziende che vendono il proprio prodotto on line: Abbigliamento, scarpe, oggettistica, mobili ecc., che attraverso un sito fanno e-commerce, immagina Amazon, Zalando o piccole realtà che vogliono iniziare a mettersi sul web, sia per tutti gli imprenditori liberi che fanno network marketing e che vogliono liberarsi dalle catene.

Oggi a differenza di 20 anni fa, le azioni di marketing che si devono compiere sono completamente diverse.

Ricordiamo intanto uno dei principi del Marketing tradizionale il Marketing Mix ossia le 4 P del Marketing, e quindi Product, Price, Place, Promotion, ossia strategie di prodotto (Product) di Prezzo (Price), distribuzione del prodotto (Place) e delle diverse strategie di promozione e pubblicità (Promotion).

Questi 4 pilastri che sono alla base del Marketing tradizionale per le aziende sia grandi aziende e multinazionali, sia per tutte le piccole e medie imprese sono di sicuro rimasti alla base del Marketing delle Aziende ma oggi è cambiato tutto, infatti, c'è stato un vero e proprio stravolgimento del mercato del modo di farsi trovare dal cliente e di fidelizzarlo per continuare a fare offerte di Cross selling e Up selling.

20 anni fà, prima di lanciare un prodotto sul mercato la prima cosa da fare era quella di fare un'analisi di mercato, quindi andare a vedere quali sono i concorrenti e andare a creare quella che si chiama Swat Analysis, cioè andare ad individuare i Punti di forza i punti di debolezza, le minacce e le opportunità.

Quindi, dopo aver creato un prodotto che può essere un nuovo prodotto che magari già esiste nel mercato, si può operare migliorando ed inserendo delle nuove funzioni come ad esempio un cellulare, che inizialmente serviva solo per fare telefonate, poi per inviare Sms, per fare anche delle Foto, Motorola, Nokia, o promuovendo un nuovo prodotto, pronto a stravolgere il mercato e a cambiare le abitudini dei consumatori come lo Smart Phone, Apple che è stato il pioniere e poi a seguire Samsung ecc. che ha creato qualcosa di impensabile a partire dal touch screen, cioè ha eliminato la tastiera e qualsiasi tipo di tasto.

Questa è una vera e propria rivoluzione, ma non si è fermato, perché oggi come sappiamo, grazie anche agli smart phone si possono fare tantissime cose, una tra tutte la possibilità di connettersi ad internet e poi grazie agli sviluppatori di App per Smart Phone oggi è possibile fare davvero di tutto; prenotare i biglietti aerei, camere di alberghi, avere il navigatore satellitare, comunicare (whatApp, skype, Viber, Ubiz) sia con i propri amici che con i propri clienti fidelizzati ed inviare delle notifiche o delle promozioni push in tempo reale, chiamare un taxi con un semplice click prenotare una auto o addirittura utilizzare il Car Sharing, come ad esempio Enjoi, che grazie alla geolocalizzazione e ad un sensore, quando ti avvicini all'auto essa si apre ed all'interno trovi le chiavi, poi quando sei arrivato a destinazione ti basta lasciare la macchina nelle varie aeree o semplici posteggi e il prossimo cliente può trovare l'auto sempre grazie alla funzione di geolocalizzazione della App.

Quindi oggi, rispetto a 20 anni fa, è veramente cambiato tutto, e come dice Darwin "Chi non si evolve si estingue", dobbiamo riflettere dove sono finiti ad esempio Motorola, Nokia loro che avevano il monopolio del mercato della telefonia mobile???

Di sicuro avranno sotto valutato che lo smart phone avrebbe spazzato il classico cellulare ed anziché cercare di inseguire le nuove tendenze e a cambiare subito il proprio prodotto passando dal cellulare allo Smart Phone, hanno pensato "ma figurati se noi che siamo i colossi nel settore della telefonia adesso arriva uno che fa personal computer Apple e ci spazza via dal Mercato, noi siamo i numeri uno del Mercato.

Oggi dove sono finiti??? Nel dimenticatoio, hanno creato adesso degli smart phone ad esempio Nokia, ma ormai è troppo tardi, perché adesso il mercato se lo contendono Apple e Samsung.

Quindi oggi se una azienda vuole essere al passo con i tempi deve di sicuro cambiare il modo di fare Marketing.

Capitolo 1.
Il Mondo di Facebook.

Oggi le aziende possono ricorrere a delle tecnologie e a dei software per fare marketing che fino a qualche hanno fa non erano neanche pensabili.

I Social Network "Facebook", chi ormai non è su Facebook??

Oggi nel mondo quasi 2 miliardi di persone sono registrate su Facebook , quando faccio delle presentazione aziendali e formazione in aula e faccio la domanda: Chi è su face book??

Oggi il 90% delle Persone alzano la mano, se la stessa domanda la facevo 5 anni fa la percentuale sarebbe stata molto più bassa del 40% al 50% e se l'avessi fatta 10 anni fa la percentuale sarebbe stata del 10%.

Io mi ricordo quando è arrivata la notizia in Italia di facebook intorno al 2005/2007 io sono stato uno dei primi iscritti in Italia.

Facebook è nato nel 2004 da un ragazzotto, Mark Zuckerberg , di preciso il 4 febbraio del 2004.

Io in quel tempo studiavo all'università di Rimini e mi stavo laureando in Economia del turismo presso la sede di Rimini della università Alma Mater di Bologna.

Nel 2004 questa piattaforma social network si chiamava The Facebook il prefisso The è stato rimosso nel 2005 in seguito all'acquisto del dominio facebook.com da parte della Società.

Io mi sono iscritto su face book, prima di finire gli studi universitari, e quindi prima del luglio del 2005 quando ho conseguito la Laurea in Economia del Turismo precisamente giorno 15 Luglio.

A quel tempo, mi ricordo che non avevo neanche un amico su facebook e dovevo chiamare i miei amici e dire:

"oh ma non ci sei su face book?"

La Risposta ovviamente era:

"Facebook ma cosa è?"

Ed io che iniziavo a spiegare "Sai è un social network dove abbiamo la possibilità di parlare e scambiarci informazioni, pubblicare le nostre foto, ecc. ecc.

Ovviamente i miei amici, mi prendevano per pazzo, per cretino, ridendomi in faccia e mi rispondevano, "Ma perché mi dovrei iscrivere su facebook per comunicare se già stiamo comunicando?" altra risposta era "Mettere le mie foto personali su facebook ma sei pazzo e la mia Privacy?"

Tutte domande che se oggi nel 2018 ci pensi, ti fai una grande Risata, in realtà allora è stato veramente duro e difficile convincere i miei amici ad iscriversi su facebook.

Alcuni di loro, i più duri, i più testardi, i più radicati alle vecchie cose e i meno innovativi e persone che semplicemente si volevano distinguere dalla massa, quando ormai molti parlavano di face book, dopo qualche tempo mi dicevano "Io mai e poi mai mi registrerò su face book" e sono le stesse persone che oggi passano intere giornate su face book a guardare le foto degli altri e pubblicare le proprie foto, a richiedere l'amicizia a sconosciuti per magari farsi una storia, un'amicizia , o semplicemente una nuova conoscenza, sono coloro che pubblicano i loro video mentre magari suonano la chitarra o cantano o mettono in continuazione foto per qualsiasi cosa fanno e addirittura parlano di calcio, e fanno gli esperti del calcio, di politica e si sentono gli esperti della politica economica pubblicano slogan per il loro partito, mettono buon giorno, buona sera e buona notte, pubblicano foto su tutto quello che mangiano al ristorante o che cucinano e sono degli esperti chef. Insomma non fanno altro che parlare di Cazzate e guardare cazzate che è proprio lo scopo principale di face book, come si dice dalle mie Parti "Fare cuttigghu" (ovviamente io sono Siciliano) Cioè parlare, se hanno qualcosa di bello da raccontare della propria vita o sparlare se non hanno niente di interessante e quindi l'unica cosa che gli rimane è parlare degli altri dato che la loro vita è veramente piatta e noisa.

Oggi Facebook è diventato il luogo dove la maggior parte delle persone passano il loro tempo su internet cazzeggiando e facendo tutte le cose normali che come ho detto prima si fanno su facebook, qualcuno magari anche esagerando un po', mettendo le proprie foto anche mentre sono al a fare i loro bisognini o addirittura lo scrivono su facebook

"sto facendo ...."

Ma che ce ne frega cosa stai mangiando, con chi sei, sei stai andando a dormire o ti sei svegliato presto o se stai andando al mare in montagna o se stai andando al gabinetto?

La risposta dovrebbe essere "A nessuno" ma in realtà a tutti.

Prova a scrivere su facebook una cazzata del genere e vedrai quanti LIKE ricevi (tanti) prova a scrivere una cosa seria tipo un'offerta di lavoro, una opportunità per guadagnare e vedi quanti LIKE, almeno ché non si struttura un sistema di Funnel di Marketing Professionale.

Fai anche un altro esperimento, prova a scrivere "Oggi è una bellissima giornata" oppure "Che giornata di merda" e vedrai che nel primo caso poco importa alla gente se sei felice, ma se stai male vedrai che tutti si preoccuperanno di te e ti scriveranno ti commenteranno e avranno cura di te, Scriveranno "Che hai?" "Che è successo" oppure "chiamami se hai bisogno" mentre nel primo caso nessun commento.

Va bè, ma anche questo è normale e fa parte della nostra psicologia, i telegiornali fanno audience e fanno alti ascolti se parlano di Crisi, di disastri, di guerre, di aziende che chiudono, di imprenditori che si suicidano, di politici corrotti e che rubano; se mettono notizie che riguardano delle Opportunità, le belle giornate di sole, le nuove aziende che aprono, gli imprenditori che dal nulla diventano milionari, i politici che fanno del bene e che sono per il popolo e per le cose giuste, messo e concesso che ce ne siano, chiuderebbero domani stesso, perché non li guarderebbe più nessuno.

Ed ovviamente anche per Facebook e la stessa cosa… Prova a fare questo giochetto e vedrai che è come dico io… io l'ho fatto tante volte e mi sono veramente divertito.

Quindi, oggi puoi immaginare un mondo senza Facebook?? Oltre ai teenager e alle persone fino ai 50 anni, facebook sta coinvolgendo anche molti ultra sessantenni che, un po' per curiosità ed un po' per fare cose nuove o non annoiarsi, si iscrivono su facebook per conoscere nuove persone rincontrare i vecchi compagni di scuola o fare nuove conquiste.

E dunque ritornando al Marketing del 21° Secolo, secondo te, questi 2 miliardi di persone potrebbero essere interessati al tuo prodotto o servizio??

Ovviamente c'è anche da dire che tutti, in Italia ovviamente, odiano i venditori ma è anche vero che tutti amano acquistare.

Quindi puoi sfruttare Facebook alla grande, anzi alla grandissima per pubblicizzare il tuo prodotto, la tua azienda il tuo business.

Ancora purtroppo sento alcuni imprenditori dire "No io su facebook non ci sono" ed io Perché? Le risposte sono le più stupide e le più disparate tipo "Mia moglie non vuole" o forse ancora peggio "No facebook non serve a niente".

Ed io dico "Ma non parlo di Facebook come profilo personale, ma come profilo aziendale per far conoscere i tuoi prodotti e i tuoi servizi" e le risposte sono "No io vendo e mi pubblicizzo come ho sempre fatto", "facebook non serve a niente" la mia azienda è al centro della città nella più bella zona e nella più bella piazza della città, e purtroppo queste aziende sono proprio quelle che oggi stanno chiudendo.

Perché? Per due motivi

Il Primo per essere nelle migliori zone della città hanno altissimo costi di gestione, Affitti, servizi vari ecc.

Secondo non vendono più il loro prodotto perché le persone lo acquistano sul web su internet e trovano magari la pubblicità del'azienda e di quel prodotto proprio su facebook.

Come diceva ancora una volta Darwin, se non ti evolvi ti estingui, e se oggi non hai una visibilità su facebook ti stai facendo soffiare i tuoi clienti dalla concorrenza diretta ma anche da quella indiretta che non pensi neanche possa essere un tuo concorrente, ma ovviamente questo è un discorso molto lungo di cui magari ne parleremo nel prossimo libro, perché per parlare di questo argomento servirebbe un intero libro.

Adesso nel prossimo capitolo parleremo invece delle "Facebook Ad" e quindi del mondo del "Advertising".

Capitolo 2
AD "Advertising"

Mia nonna quando le parlavo e le facevo vedere il mio Pc mi diceva "Bello questo televisore è nuovo?" ed io "Nonna non è un televisore è un Pc un personal computer" e Lei "Infatti che ho detto io un televisore".

Oggi dico a mia Madre "Mamma sai investo 10/20 euro al giorno su facebook e lei mi dice "Ma perché spendi questi soldi inutili, sei cretino Facebook è gratis".

Ovviamente è inutile stare a spiegare a mia Nonna (che oggi non c'è più) o a mia Madre che il Pc non è un televisore e che facebook serve per fare pubblicità.

E si… facebook oggi è uno strumento straordinario per fare Pubblicità per acquisire nuovi clienti e trasformare i contatti da contatti freddi a clienti paganti, fidelizzati o addirittura Fan che fanno pubblicità per la tua azienda o per il tuo prodotto GRATIS"

Quando compri un nuovo Cellulare che fai?? Lo posti su facebook, una mia amica l'altro giorno era a comprare un paio di occhiali in un negozio, è stata tutto il pomeriggio a farsi le foto con diverse paia di occhiali e chiedere a tutti dei consigli per sapere quali occhiali comprare.

Cosa stava facendo?

Bravissimo …. pubblicità gratis al negozio e a tutte le diverse marche dei suoi occhiali, poi magari se parli con questo imprenditore e gli dici "Ma tu ci sei su facebook?" lui ti darà quelle risposte di prima: "No non ho una pagina su facebook", e poi sta tutto il giorno dietro in bancone sperando che qualche passante si accorga di lui o che si ricordi di lui e vada a comprare gli occhiali da lui.

La cosa più triste e che magari questa mia amica, dopo che ha deciso quali occhiali comprare, non lo compra subito in quel momento ma torna a casa scrive il nome, la marca ed il modello di quel paio di occhiali su google o su facebook e trova un negozio on-line che fa un prezzo più conveniente.

E che Fa??? NOOOOOOOOOOOOOOOOO

Lo compra On-line….. NOOOOOOOOOO

Un disastro, dopo che è stata un giorno al negozio a rompere le scatole al commerciante e dopo che ha scelto il suo paio di occhiali li va a comprare on line, questo è veramente tragico.

Ed al commerciale cosa rimane, l'illusione che questa mia amica comprerà da lui, l'illusione che è una sua cliente speciale e fidelizzata ed invece è stato solo un mezzo per provare gli occhiali e capire quale modello le stava meglio.

Ok ci ha guadagnato questo pomeriggio di pubblicità occulta su facebook ma con zero fatturato, dovrebbe magari farsi pagare il servizio di consulenza di prova occhiali, perché no?? Questa magari potrebbe essere un idea per fare un minimo di fatturato.

Anzi l'idea che mi è venuta adesso potrebbe essere:

Servizio e consulenza di prova occhiali 30 euro poi se compri da noi il servizio e la consulenza non la paghi!!! Bella come idea… in effetti scrivendo vengono tante nuove idee.

Ma a parte, lo scherzo, che poi può effettivamente diventare una strategia di Marketing se ci pensate un attimo, chi non lo ha fatto?

Provi le Scarpe nel negozio sotto casa, tipo Geox, io l'ho fatto, vedi il modello che ti piace la misura che ti calza meglio e poi vai su Zalando e la compri la risparmiando dal 20% al 50% del prezzo del negoziante sotto casa.

Ma com'è possibile che on-line trovi sempre i prezzi più bassi del negoziante sotto casa???

Ovviamente la risposta è quasi ovvia.

Quanto costa tenere aperto un negozio su strada, aprire nuovi punti vendita nel territorio?? E quanto costa avere una piattaforma pubblicitaria on-line con un bel sito e-commerce e vendere in tutti i territori senza aprire nuovi punti vendita???

Molto ma molto meno.

Bassi costi di gestione, una distribuzione nel mercato nazionale o internazionale senza costi per aprire punti vendita, perché basta avere un magazzino e un accordo con un corriere nazionale ed internazionale per le spedizioni del Prodotto (in questo esempio le scarpe, il gioco è fatto).

Bassi costi, alti Fatturati, distribuzione nazionale o mondiale senza costi di gestione per aprire i punti vendita, pagare i commessi, che poi essendo sotto pagati non hanno nessun interesse di vendita o no, tanto hanno il loro misero stipendio sia se vendono sia se non vendono.

Ok.... Quindi tu ti starai chiedendo, che senso hanno i negozi su strada se ormai tutto si può comprare on-line???

Ottima domanda.

Hanno senso se dentro il loro negozio oltre a fare la classica vendita off line si attrezzano con un marketing efficace e creano il loro bel sito internet e-commerce con un sistema di marketing sui social network Facebook Ads, una pagina cattura contatti Optin page o sales Page, e un sistema di mail marketing efficace che formi il cliente attraverso il sistema del Marketing Formativo e attraverso una sales page (pagina di vendita) finale e seguire sempre il cliente anche dopo l'acquisto per vendite di up-selling o cross selling, cioè vendite con prodotti complementari o prodotti più costosi migliori ai quelli di prima.

Ovviamente qui si apre un altro capitolo il "Mail Marketing" ma appunto ne parleremo più avanti.

Adesso, tu ti chiederai, "Quindi basta aprire un sito web con una piattaforma E-commerce ed il gioco è fatto?" Non propri, ma già questo può essere il primo passo. E Poi??? Tu mi dirai "Ma quanto costa un sito E-commerce?" Non è meglio aprire un nuovo punto vendita?" NOOOOOO dai questo NO!!! hahahahah

Un sito costa nulla!!! Ovviamente se lo sai fare ti può costare dalle 20 alle 100 euro all'anno quello che costa è la realizzazione, che può costare da 500 euro ai 5000 euro e magari avere dei costi di gestione per inserire nuovi prodotti ed offerte ed eliminare le vecchie offerte e i prodotti della vecchia stagione.

Ok quindi hai due scelte:

La Prima: Imparare tutte le competenze per creare un sito web quindi acquistare i tuo dominio, creare il Tuo sito, (quindi linguaggio di programmazione e grafica), gestirlo ma soprattutto lanciarlo sul mercato cioè creare quei sistemi di advertising che ti possano generare TRAFFICO.

Due sono i sistemi importanti per generare traffico:

Il primo essere indicizzati su Google, e questo si può fare in tanti modi, pagando Google con Google Adwords, studiando ed applicando i modi per creare il Key Word e Key description, quindi le parole chiavi e le descrizioni che trovi sul web in particolare nei motori di ricerca e/o Facebook Ads, Yellow page AD, ecc.

Quindi devi riuscire a generare TRAFFICO, traffico on line che converta le persone da contatti in clienti.

E questo come si fa???

In maniera molto semplice, che soprattutto ti permette di avere un controllo del tuo marketing e quindi del tuo ROI Return on investiment (Ritorno sull'investimento)

Molte volte gli imprenditori investono tanti soldi nella classica pubblicità come TV, Radio, Cartellonistica, volantinaggi, passaparola ma non hanno nessun controllo sul loro marketing, cioè non capiscono se i soldi che stanno investendo stanno ritornando indietro facendo aumentare il profitto e quindi superare il break even point punto di pareggio tra costi e ricavi e continuano a fare la stessa pubblicità sperando che funzioni ma non avendo la sicura percezione del loro Marketing.

Avere un Sito Internet e non averlo indicizzato, cioè che non lo vede nessuno, è, come dico sempre io, avere un bel biglietto da visita e tenerlo in tasca, cioè completamente inutile.

E qui entra in gioco L'advertising, ossia quelle strategie che ti permettono di farti trovare sul web e quindi su google in prima pagina.

Per essere su google nelle prime pagine una soluzione è Google Adwords, che anche se ha dei punti di forza e di debolezza, oggi la guerra la vince chi ha più capitale da poter investire.

Il secondo, che ti consiglio perché ancora molti in Italia non la conoscono è essere presente nel Portale Aiyellow.com un portale web dedicato alle aziende che, attraverso l'inserimento di parole chiavi e descrizioni dell'azienda grazie al fatto che i logaritmi di google lo riconoscono come un ottimo portale e che, nelle classifica dei siti più cliccati al mondo è entro i primi mille siti al mondo, ti dà la possibilità di essere in prima pagina su google in poco tempo senza dover spendere grossi capitali come si fa su google.

Faccio una parentesi per chi non lo sa e non lo sapeva come me, esiste una classifica mondiale dei migliori siti al mondo.

I primi ovviamente sono i colossi come facebook, yahoo, youtube ecc. ma la classifica si compone così.

Essere nei primi 1000 al mondo è come essere al primo posto, essere nei secondi è come essere al secondo posto, essere nei primi 3000 è come essere al terzo posto.

Ecco perché ti consiglio anche il portale aiyello.com perché anche se in Italia è ancora poco conosciuto nel mondo, nella classifica mondiale è al primo posto.

Il migliore a parer mio e di molto esperiti mareketer on-line è Facebook con le facebook Ads, per due motivi, il primo è poco costoso e ha altissime conversioni, il secondo è che hai il controllo completo del tuo Marketing e del Tuo ROI.

Capitolo 3
L'Advertising di Facebook le "Facebook Ad"

In questo capitolo vedremo cosa sono le facebook Ad e come creare una campagna facebook che ti permetta di generare un altissimo Traffico per il tuo business a basso costo ma ad altissime conversioni e quindi facendo diventare dei contatti che si trovano su facebook a clienti Paganti che acquistano il tuo prodotto/servizio a clienti fidelizzati a Clienti Fan, e anche magari tuoi Commerciali, Sales, Sales Manager .

Come funziona la pubblicità su facebook e quindi le facebook Ads?

Ti è mai capitato mentre guardi la tua Home di facebook nella time line e tra una foto ed un'altra trovi e vedi qualcosa che ti incuriosisce e che non puoi fare a meno di cliccare??

Se ci fai caso in altro c'è scritto "Sponsorizzata" ecco questa è una facebook Ads.

Facciamo un esempio, mentre scorri bello tranquillo su facebook ad un certo punto il tuo occhio và su una facebook Ads, in questo caso intanto è fatta bene, se no, non ti cattura, secondo è di tuo interesse.

Immagina di essere sovrappeso e non stai bene con il tuo corpo ad un certo punto vedi un'immagine che ti cattura con scritto "vuoi perdere 10 Kg in meno di un mese?? Ecco come hanno già fatto più di 30 persone. In questo caso se hai la voglia di dimagrire e le hai provate tutte, questa pubblicità e quindi questa facebook Ads fa al caso tuo e quindi ci clicchi sopra.

Ecco spiegata cosa è una facebook Ad, quindi non è altro che un pubblicità su Facebook.

Oggi Tantissime aziende, imprenditori e networker sfruttano facebook per trovare clienti e/o reclutare persone da inserire nel proprio Team.

Ci sono diversi modi di utilizzare le Facebook Ad.

Ad esempio puoi creare delle inserzioni per aumentare i Like (mi piace) della tua pagina aziendale o come personaggio pubblico, puoi creare delle Ads per portare delle persone a visitare il tuo Sito Web, magari il tuo E-commerce, o puoi creare delle campagne Facebook che possano convertire i contatti entrando nel tuo mail Marketing.

Quest'ultimo e di sicuro il più usato ed il più redditizio ed è quello che ti permette di avere una alta conversione.

Questo significa che le persone che vedrano il link su facebook cliccheranno sull'immagine e si aprirà una pagina web chiamata Landing Page, o optin page, cioè pagina di atterraggio.

Questa è la strategia migliore per convertire tante persone cioè entrare nel tuo software di Mail Marketing.

Queste pagine a differenza dei normali siti internet che sono molto dispersivi perché hanno tante pagine e dunque gli utenti o i clienti che ci entrano non sanno cosa fare o cosa guardare prima, almeno che non sei Ebay o Amazon, entrano nel tuo sito, lo aprono, danno una occhiata ed escono e dopo poco si dimenticano che tu esisti.

Quindi la cosa Giusta è creare una landing Page, dove l'utente che ci atterra lascerà la propria mail in cambio di un qualcosa, magari, un omaggio che viene chiamato in gergo "Regalo Magnete"

Di questo ne parleremo nel prossimo capitolo.

Quindi, ricapitolando, adesso sai cosa sono le facebook Ads quindi per fare del Marketing con l'advertising di facebook non basta aprire una pagina facebook personale, chiedere l'amicizia ad amici e parenti (che non saranno i tuoi clienti) e poi cercare di portarli nella tua pagina aziendale, ma alla base ci sta una strategia ben precisa e dettagliata ma molto semplice da attuare, basta sapere come fare, capire i vari passaggi e creare una macchina da guerra che, una volta impostata, lavora giorno e notte per te in automatico.

Capitolo 4.
"The money is in the List" I soldi sono nella lista.

In questo Capitolo parleremo di come generare traffico e come creare la tua Lista di contatti.

Come dicono i migliori Marketer americani, gli imprenditori di successo i networker ultra milionari "The money is in the list" cioè i soldi sono nella lista nomi o nella lista contatti.

Quindi l'obiettivo più grande per ogni imprenditore o networker è quello di creare una lista nomi e di accrescere sempre più il numero di queste persone nella lista nomi/lista clienti.

Si sa che la competenza più importante per un networker o un imprenditore è quello di generare nominativi, contatti per poi trasformarli da contatti freddi in clienti paganti, e/o collaboratori del proprio Team se ti occupi e di Network Marketing lavori con una azienda che distribuisce il proprio prodotto o servizio attraverso una rete commerciale di venditori, come si chiamano in America "Sales".

La prima competenza che ti spiegano quando entri in una azienda di Network Marketing è quella di fare la Tua bella lista nomi di 100 persone ed iniziare a contattare queste persone per incontrarle per vendere il tuo prodotto o per farle entrare nel tuo Team e quindi vendere l'opportunità.

Puoi incontrare queste persone di presenza one to one se hai le competenze per spiegare il tuo prodotto, la tua azienda, il tuo business o puoi decidere di chiamarli ed invitarli ad un evento aziendale dove ci sarà un relatore, un leader dell'azienda che ha già avuto risultati importanti e quindi successo nella azienda con cui collabori.

E' chiaro dunque che devi acquisire la competenza numero uno di creare una tua lista nomi, all'antica con carta e penna ed iniziare a chiamare queste 100 persone.

Ovviamente queste 100 persone non ti basteranno per diventare milionario almeno che non hai la fortuna che in queste 100 persone 10/20 diventeranno dei grandi leader come te e quindi tu per piano marketing diventerai sia il punto di riferimento per queste persone sia Milionario.

Ma il problema e che non ti devi fermare a una lista di 100 persone ma devi sempre continuare ad acquisire nominativi in qualsiasi modo, infatti, questa è la competenza numero uno che devi acquisire.

Lo so quello che stai pensando anch'io l'ho pensato quando ho iniziato a fare network marketing, "prima devo capire io bene il prodotto, devo testarlo e capire se veramente funziona come dicono", "Poi devo vedere se quando lo vendo guadagno e soprattutto se i clienti sono soddisfatti dell'acquisto che hanno fatto".

Ma i tuoi Leader ti dicono "Fidati di Noi, infondo se sei qui è perché tu per primo ci hai creduto, quindi inizia a creare questa lista nomi chiamiamoli insieme e vediamo di invitarli al prossimo evento e poi ci pensiamo noi ad inserirli nel tuo team"

Ti hanno anche detto "Il Network Marketing non è vendita, il network marketing è un passaparola" Una cosa bella che diceva un leader di una azienda di prodotti che ho conosciuto è stata "E' un passaparola organizzato" bella questa!!!!!

In realtà questa è la più grande bugia del network marketing, perché un'altra competenza che devi assolutamente imparare e sapere Vendere.

Ed infatti dopo un po' che fai network e non riesci a vendere ti dicono "Certo perché non sai comunicare bene e non hai le competenze di Marketing e Comunicazione" e quindi inizi ad investire i tuoi soldi per partecipare al prossimo evento di Formazione avanzata tipo "Comunicazione efficace" o "Comunicazione Persuasiva" e poi ancora "Leadership".

Inizi ad investire i tuoi soldi per questi corsi e qui ti rendi conto allora che non è vero che è solo un passaparola, ma è una vera e propria vendita.

Nel network marketing addirittura a differenza delle aziende tradizionali dove devi sono imparare a vendere il prodotto devi anche imparare a vendere l'opportunità, quindi trovare la giusta comunicazione che ti permetterà di riuscire ad invitare le persone della tua lista a partecipare al prossimo evento aziendale.

Ma perché ti dicono che il network marketing non è vendita?

Il motivo è molto semplice perché in Italia a differenza degli stati uniti la vendita è vista come una cosa brutta, i venditori sono molto spesso giudicati delle persone senza etica senza alcuna morale o addirittura dei truffatori.

Perché questo? Un mio amico, Alessandro una volta mi ha detto una cosa molto simpatica, "Sai perché in Italia i venditori sono visti come dei truffatori?? Semplice per colpa della Favola di Pinocchio"

Ed infatti in questa favola si vedono i personaggi del Gatto e la Volpe che raggirano il povero Pinocchio promettendogli che se lasciava loro i suoi soldi essi li avrebbero piantati ed il giorno dopo avrebbe trovato un albero che faceva tanti soldi.

Questo è uno dei motivi, poi c'è la nostra cultura, sin da piccoli ci dicono "Non accettare le caramelle dagli sconosciuti perche c'è la droga" oppure dopo aver toccato dei soldi la Nonna ti dice "Vai subito a lavarti le mani perché i soldi sono sporchi" oppure "I ricchi sono tutti drogati", "Anche i ricchi piangono" ecc. ecc.

Ed ecco perché in Italia la figura del venditore non è vista di buon occhio.

Una mia amica Valeria, un giorno mi disse "Mi piacerebbe fare il tuo lavoro solo che non mi và di convincere e stressare tutte le persone" in Realtà uso il Termine "Scassare la Minchia alle Persone", questo perché?? Sempre per lo stesso motivi i venditori non sono visti di buon occhio ed inoltre i leader insegnano a fare un tipo di vendita e di marketing ormai obsoleto che oggi non funziona più.

Ecco perché i leader delle aziende cercano delle parole gentili come "passaparola" o altre perché le persone in Italia Odiano la parola "Vendere".

In realtà se vedi la vendita da un altro punto di vista ti renderai conto che la vendita poi non è cosi male.

Dare Valore questa è la vendita, tutti ogni giorno vendono, anche se non ci rendiamo conto, ti faccio alcuni esempi.

La mattina quando ti svegli ti fai la doccia ti trucchi (se sei una donna anche se oggi lo fanno anche molti uomini) e anche il trucco è camuffare le tue imperfezioni, ti fai bello/a scegli il vestito da mettere per uscire e quindi ti rendi conto? Stai vendendo la tua immagine.

Un altro esempio è quando con il tuo gruppo di amici volete andare il sabato a mangiare la pizza o al ristorante, se ci fai caso nella comitiva c'è sempre un leader che ti sa consigliare un posto dove andare a mangiare, e tutti lo seguono, questo è il leader del tuo gruppo di amici, perché in tutti i gruppi ci sono i leader e i seguaci.

Immagina di aver visto un bel film al cinema, che fai quando esci e incontri un amico?

Inizi a parlare del film, e se ti è piaciuto, dici "Che bel film parla di questo e di quello, è molto bello ti consiglio di andarlo a vedere prima che lo tolgano dalla proiezione.

Quindi vendiamo di tutto tutti i giorni GRATIS ma perché quando ci guadagniamo qualcosa ci vergogniamo?

Sempre per la nostra cultura ricordi "I soldi sono sporchi"

Se tu avessi una convenzione con il ristorante o la pizzeria dove porti gli amici a mangiare il sabato sera e che so magari tu hai il 10% o il 20% di commissione sui clienti che porti, o se lo stesso valesse per il cinema, cioè hai un accordo con il proprietario del cinema che ti propone "Dato che tu sei uno dei nostri migliori clienti e vieni spesso al cinema per ogni persona che porti tu hai il 10%/20% di sconto", oppure ogni 5 nuovi clienti che porti tu hai il tuo biglietto del Film Omaggio, che cosa ci sarebbe di male se quando consigli qualcosa ci guadagni?

Ovviamente se porti le persone nel ristorante dove si mangia malissimo e si paga tanto ti sentiresti una merda, o se devi consigliare tutti i film anche quello che non ti è piaciuto.

Ma basta scegliere il ristornate dove tu per primo ti trovi bene e consigliare i film che a te sono piaciuti, per essere a posto con la tua coscienza, Giusto???

Quindi cosa stai facendo?? Stai dando Valore a qualcosa che ti è piaciuto e quindi sei contento di guadagnare perché sei sicuro che i tuoi amici saranno soddisfatti.

Si però i TUOI amici non devono sapere che io ci guadagno se no penserebbero male di me e che sono avido.

Sbagliato! Devi proprio dirlo ed essere sincero con loro sempre e comunque e chiedere anche a loro se vogliono avere la possibilità di guadagnare.

E quindi vediamo un po' il punto di vista americano cioè la vendita negli USA.

Prima voglio farti una domanda.

Secondo Te, Qual è il ruolo più importante nella aziende americane: il Direttore, l'Amministratore delegato o il venditore? cioè l'ultima persona nella piramide della gerarchia aziendale.

Di sicuro starai pensando il direttore commerciale o l'amministratore delegato, non ti preoccupare anch'io avrei risposto così ed invece se ci pensi un attimo è proprio il Venditore che in America chiamano "Sales". Il direttore non è altro che la stessa persona che ha iniziato a lavorare in azienda e siccome è diventato molto bravo a vendere adesso è il Sales Manger o il direttore commerciale, perché è colui che potrà trasferire le proprie competenze ai nuovi venditori dell'azienda potrà formarli e duplicare le competenze per far sì che magari siano preparati per rispondere alle Obiezioni e a non scoraggiarsi se si prendono dei No.

E' normale Prendere dei No nella vendita, non puoi pensare che ti dicano Si.

Credere che il cliente ti dica subito Si è come Credere che esiste Babbo Natale, quindi ti stai semplicemente illudendo.

Anzi Noi siamo la squadra del "Si" e i Clienti sono la squadra del "No".

La Tua bravura sta nel far capire al cliente Perché deve comprare, non cosa o come deve comprare, perché se il cliente capisce il Perché sarà lui ad acquistare da te in maniera spontanea.

Un'altra cosa, che di sicuro ti avranno insegnato, è che il Mercato è suddiviso in questa maniera.

Su 100 persone c'è un 20% che è un SI fisiologico, cioè compra il prodotto o servizio proprio perché ne aveva bisogno e sei arrivato tu al momento giusto, poi c'è un 20% che è un

No fisiologico e lì non c'è nulla da fare anzi prima lo capisci e prima te lo fai dire è meglio, e poi c'è il 60% che è NI o SO, cioè sei tu che con la tua bravura nel comunicare, nel saper ascoltare, facendo le giuste domande, dovrai fare diventare la trattativa SI, ed è proprio in questo 60% che c'è il business, e questo è il Mercato.

Quindi ritornando alla lista nomi nella tua lista di 100 persone sarà la stessa cosa ma devi avere la fortuna che nel 20% del Si fisiologico ci siano i tuoi leader e che nel 60% del Mercato tu sia cosi bravo da riuscire a convertirli tutti in Si.

Ma se così non fosse? Ecco svaniti i sogni di gloria, e dunque si ritorna alla prima competenza cioè quella di acquisire sempre nominativi.

E la domanda nasce spontanea, dove sono oggi a differenza di 20 anni fa questi nomi? Bravissimo Su facebook.

Certo se ti confronterai con i tuoi leader di 40, 50 o 60 anni loro ti diranno "Facebook non serve a niente io ho fatto così e ti garantisco che si fa così perché io ci sono riuscito, fai la tua lista di 100 nomi e vedrai che il tuo successo è garantito"

Ovvio ti dicono così per due motivi: il primo è che loro sono di un'altra generazione o anche se sono 30enni gli hanno detto di fare cosi, il secondo è che loro non lo sanno fare.

Premetto che il mio primo collaboratore nella mia azienda di marketing l'ho proprio trovato su facebook, semplicemente chattando con lui ma è anche vero che altre 20 persone le ho trovate dalla mia lista nomi ed erano i miei amici e parenti, ma in realtà non sono dei networker, con il risultato che poi dovevo lavorare per loro, fare lo schiavo, magari per fargli recuperare l'investimento e dopo ti abbandonavano lo stesso dicendoti che non fa per loro e non ricevevi neanche un grazie, molti amici ti hanno addirittura allontanato, gli amici più veri te lo dicevano in faccia gli altri alle tue spalle, prendendoti anche in giro.

Il Mio Amico Alessandro, uno dei miei migliori amici, ha avuto il coraggio di dirmelo in faccia, dicendomi "Antò fammi un favore quando siamo insieme non mi parlare né dei tuoi prodotti/servizi, nella tua azienda, ne della tua opportunità, parliamo come sempre abbiamo fatto di calcio, di musica, di donne e giochiamo con la Play Station se no non vengo più".

Ovviamente allora ci sono rimasto anche un po' male, perché proprio con il mio miglior amico con cui volevo condividere il mio business, proprio lui, non ne vuole sapere nulla, dall'altro ho capito ed ho apprezzato molto la sua sincerità a differenza di altri che invece mi hanno semplicemente allontanato senza dirmi nulla o addirittura mi prendevano in giro alle spalle, cosa che mi ha ammesso un amico qualche giorno fa dopo 3 anni che mi prende in giro, e facendomi i complimenti perché dopo 3 anni di perseveranza adesso ci sto riuscendo e mi ha ammesso che prima anche lui era uno di quelli che mi prendeva per il Culo alle Spalle.

Adesso ritorniamo a parlare della Lista nomi, è chiaro adesso che oggi esistono degli strumenti I social Network "Facebook" dove trovare milioni di clienti per il tuo business senza dover rompere le scatole ad amici e parenti perché tanto dopo che ti vedono pubblicare le tue offerte su internet su facebook se fossero o in futuro saranno interessati saranno proprio loro a contattarti e dirti "Anto ma che stai facendo? Di cosa ti occupi? Mi spieghi un po' meglio, mi fai capire come posso diventare un tuo collaboratore e lavorare con te" ed ecco che hai trovato un vero cavallo di battaglia nella tua famiglia o nei tuoi amici senza averlo disturbato.

Non basta avere una pagina facebook personale, una Fan o aziendale per fare questo, ma devi avere degli strumenti che ti permetteranno di creare la tua macchina automatica cattura contatti e quindi sapere come creare una landing page, una sales page un sistema di Mail Marketing, che io chiamo il mio Mentore Mik chiama "lo schiavo che lavora per te" perché lavorerà per te notte e giorno anche mentre tu fai tutt'altro.

Nel Prossimo capitolo Inizieremo a parlare di questi Strumenti.

Capitolo 5
La Lading Page o Optin Page. "La pagina di atterraggio"

Adesso entriamo nel vivo per vedere nello specifico come generare creare la tua Lista Nomi infinita sempre crescente in maniera esponenziale e che trasformerà i tuoi contatti da semplici contatti freddi in clienti paganti e/o collaboratori per il tuo business in maniera automatica.

Ti piacerebbe? Ti Piacerebbe avere questo sistema che ti permette di avere clienti e/o Contatti infiniti anche mentre dormi senza rompere le scatole ad amici e parenti?

Sono Sicuro di Si.

La landing page è quella pagina web dove, dopo che la persona ha cliccato il tuo annuncio su facebook la famosa "Facebook Ad" legge il contenuto ed ha due scelte o chiudere questa pagina o inserire la sua mail e ricevere quel regalo, regalo magnete, che hai promesso in questa pagina web, che cambierà la vita o risolverà il problema del tuo Prospect "Contatto" o "Lead".

Il Regalo magnete potrebbe essere un ebook Grautito, un video, una serie di video o audio, cioè deve essere qualcosa che interessa fortemente al tuo Prospect, ma deve essere assolutamente GRATUITO.

E da qui ha inizio la tua scalata al Valore, cioè iniziare a dare valore al tuo contatto in modo che alla fine possa comprare quel servizio/prodotto completo che servirà per completare il suo percorso per la soddisfazione del proprio bisogno.

Facciamo qualche esempio:

1- Immagina di essere sovrappeso e vuoi dimagrire e trovi una facebook Ads dove ti viene promesso un sistema per dimagrire Tot. Kg in tot. Giorni, ricorda più sei specifico e meglio è, potrebbe essere ad esempio un ebook o un report con una dieta da scaricare o degli esercizi da fare comodamente a casa per perdere peso e alla fine del percorso gratuito, proponi gli integratori della tua Azienda.

2- Immagina di essere alla ricerca di un'attività part time e vuoi avere un secondo lavoro o una attività, come potrebbe essere quella che proponi nella tua azienda di network marketing, e fai vedere come puoi aver un'attività part time che può aiutarti ad arrivare a fine mese e non avere l'ansia di non riuscire a pagare le bollette o perdere il lavoro, essere licenziato da un momento all'altro. Nella landing page fai vedere come sei riuscito o sono riusciti a guadagnare x soldi in x tempo e una volta che mettono la loro mail ricevono tutte le informazioni per entrare nella tua azienda con una serie di video che parlano del prodotto, il mercato, il business, e l'opportunità di lavoro.

Ecco spiegato cosa è La landing page, è quella pagina che ti permette di catturare il lead (contatto) e lo fa entrare nel tuo sistema di Mail Marketing dove da li partiranno le mail di valore che formeranno il tuo contatto Cliente o collaboratore e secondo il principio del Marketing Formativo, formano il tuo contatto e danno una serie di informazioni di valore che lo trasformeranno da un semplice contatto trovato su facebook o altri social, siti internet e blog in un cliente pagante o in un collaboratore attivo e ti permetteranno di farti riconoscere come l'esperto del settore mettendoti sopra alla concorrenza.

Capitolo 6
Come generare traffico

Adesso è obbligatorio capire cosa è il Traffico e come ti permette di incrementare la tua Lista contatti.

L'obiettivo principale, dunque è quello di generare traffico che ti permetta di aumentare i contatti della tua lista nomi.

Quindi è opportuno creare una strategia che convogli le persone nella tuo sistema di mail marketing.

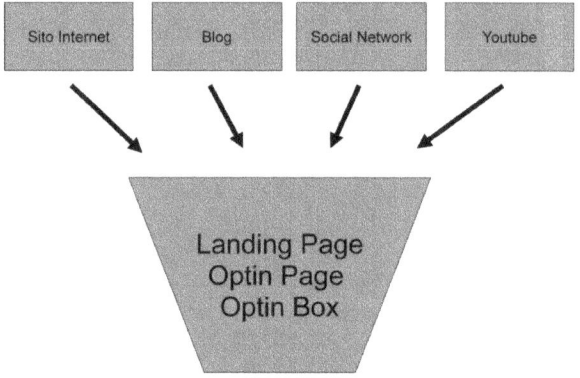

Come abbiamo visto il modo più efficace per generare traffico nella tuo sistema di mail marketing è Facebook attraverso le Facebook Ad, tutto quello che si deve fare è cercare di portare più contatti possibili all'interno della tua Optin Page.

Creare un Blog/Sito che possa parlare dell'argomento che tu tratti può essere un'altra strategia ottimale.

Le persone che sono interessate all'argomento vanno alla ricerca di informazioni sul web e quando trovano il sito giusto o il blog giusto iniziano ad interagire con le persone che come lui vogliono sapere più informazione.

Immagina di avere un'agenzia di viaggi, creare un blog che parli di vacanze, tutti i viaggiatori possono scrivere le proprie esperienze di viaggio e interessare tante persone.

Parallelamente tu puoi in primis, capire quali sono le esigenze dei singoli viaggiatori e creare dei report specifici per soddisfare le curiosità e i dubbi dei viaggiatori, secondo creare delle offerte specifiche di interesse degli stessi lettori.

Esempio: Si parla di New York, dove le persone che hanno già visitato questa meta raccontano le proprie esperienze, le persone che invece hanno intenzione di compiere questo viaggio vanno a leggere i commenti e possono fare delle domande per interagire tra di loro.

In questo modo puoi creare dei post all'interno del Sito/blog che parlano di New York e inserire all'interno del sito una pagina di atterraggio dove le persone che vogliono ad esempio una guida dettagliata sui posti da visitare una volta raggiunta la meta.

L'agente di viaggio poi può creare delle offerte mirate proponendo dei voli e degli hotel dove soggiornare, escursioni da fare, esperienze da vivere.

Un'altra posto molto interessante dove oggi molti utenti vanno è Youtube quindi aprire un tuo canale Youtube è un altro modo per generare traffico verso la tua landing page dove le persone lasceranno il loro contatto e la loro mail se il video è di loro interesse.

Quindi, oltre ad aprire il proprio canale youtube, devi inserire nella descrizione del video il link con la pagina "landing page" o il link del tuo sito.

Ritornando all'esempio dell'agenzia di viaggi, potresti creare dei video per le diverse località e destinazioni che proponi, potresti chiedere ai clienti della tua agenzia di postare i loro video sulla tua pagina facebook con la promessa che se posteranno i loro video riceveranno uno sconto per la loro prossima vacanza.

In seguito raccogliendo tutti i video potresti creare un montaggio dove raccogliere queste testimonianze e caricarli su youtube.

La cosa importante è ovviamente quella di inserire in basso ai video caricati il link che porta l'utente verso il sito/blog o nella landing page.

Potresti scrivere "Se anche tu vuoi vivere le emozioni dei nostri clienti, visita questa pagina" e veicolare il traffico dove si preferisce fare arrivare l'utente.

Quindi dopo aver visto questi esempi abbiamo capito che l'obiettivo principale è quello di utilizzare questi strumenti per generare traffico verso il Sito/blog o ancora meglio verso una landing page in modo che il contatto interessato lasciando la propria mail in seguito riceverà una sequenza di mail di interesse che formerà il cliente per un acquisto futuro.

Capitolo 7
Il Mail Marketing, Autoresponder "Lo schiavo che lavora per te"

Andiamo un po' a vedere adesso cosa si intende per Mail Marketing.

Molti imprenditori sottovalutano la strategia di fare Mail Marketing, perché pensano, ed hanno ragione, che ormai siamo tutti i giorni bombardati da mail di cui non nutriamo alcun interesse e siamo continuamente bombardati da mail Spam che ci arrivano nella nostra casella mail e che non leggiamo assolutamente.

In effetti non hanno tutti i torti, 10/20 anni fa quando ricevevamo una mail eravamo felici come dei bambini che ricevono il loro regalo a Natale.

Oggi invece siamo portati a non considerare molte mail che ci arrivano nella nostra casella di posta e a guardare solo quelle che ci interessano particolarmente perché si ricevono in seguito ad un acquisto o ad una iscrizione dove abbiamo lasciato la nostra mail, appunto in una Landing Page.

Questo aspetto infatti è molto importate perché ritornando alla pagina di atterraggio la "landig page" lasciamo la nostra mail se veramente siamo interessati a ricevere delle informazioni considerando il fatto che arrivano decine di mail ogni giorno.

Se acquistiamo un biglietto aereo una vacanza tramite dei siti on-line infati andiamo subito a cerare il nostro biglietto o voucher per andarlo a stampare, la stessa cosa vale se ci iscriviamo ad una corso on-line che ci interessa per il nostro lavoro o semplicemente una passione che coltiviamo nella vita.

E' la stessa cosa della casella di posta di casa nostra.

La casella di casa della posta e giornalmente piena di buste che non ci interessano, offerte pubblicitari, finanziarie che ti propongono i propri prestiti ecc. ma quando ci iscriviamo ad un abbonamento per una rivista non vediamo l'ora che ci arriva e intorno alla data in cui di solito è stabilito l'arrivo andiamo a guardare continuamente se la rivista è arrivata.

Facciamo un esempio: Sei una appassionato di Musica, o di Auto e moto, o di cucina e dopo aver comprato la rivista per la prima volta magari dal nostro giornalai di fiducia decidiamo di sottoscrivere l'abbonamento per non perdere nessun numero di quella rivista.

Nei giorni in cui esce il nuovo mensile cosa Fai?

Vai a guardare in continuazione se la rivista ti è arrivata.

La stessa cosa vale dunque per la casella di mail, se ci iscriviamo tramite una landing page ad un argomento che ci interessa andiamo subito a vedere se ci è arrivata la mail con il materiale o regalo magnete (report, ebook, video corso, audio, ecc.) promesso all'interno di questa pagina web.

 Quindi hai capito che la mail è ancora oggi un aspetto molto importante per fare Marketing ma un aspetto molto importante dopo che il cliente ci ha lasciato la sua mail è quello di rimanere impresso nella mente del cliente, perché nel momento in cui avrà bisogno di quel servizio o di quel di quel prodotto che tu offri di sicuro sceglierà te.

Come si fa per rimanere nella mail del Cliente?

Puoi impostare, con un software di mail marketing, una sequenza di mail di follow up che arrivano in automatico al cliente giorno dopo giorno o cadenzate a distanza di giorni.

Una volta impostate e scritte queste mail partiranno in automatico grazie al tuo software di Mail Marketing (ne esistono tanti in commercio e nel Corso On-line "Web Social Marketing" o altri corsi come "Accademia dei 100 Leader" e la "Leader Academy" che trovi all'interno del sito www.ilsegretodelnetworkmarketing.com trovi dei video specifici dove ti consiglio alcuni di questi software che io ho testato ed utilizzato per le mie campagne di Mail Marketing.

Quindi una volta creata la landing page dovrai iniziare a scrivere delle Mail con dei contenuti di Valore per il tuo contatto.

Dunque se ad esempio tu hai iniziato a scrivere le mail a gennaio ed un tuo contatto si iscriverà ad aprile, ricevere la sequenza di mail dalla prima fino all'ultima in ordine cronologico.

Questo ti permette di avere due vantaggi:

1. Di rimanere sempre nella mente del tuo potenziale cliente.

2. Di imprimerti nella mente del tuo contatto e farti riconoscere come l'esperto di quel determinato settore.

Ovviamente se il contatto non sarà più interessato a ricevere le tue mail avrà sempre la possibilità di cancellarsi, ma se continuerà a seguirti prima o poi diventerà un tuo cliente, devi solo continuare a scrivere delle mail e quando avrà bisogno di quel prodotto/servizio sarà pronto ad effettuare l'acquisto.

Nel prossimo capitolo parleremo della Sales page e cioè di quella pagina web dove il cliente comodamente da casa può effettuare in tutta autonomia l'acquisto.

Capitolo 8
La Sales Page.

In questo capitolo parleremo di un'altra pagina web molto potente la Sales Page.

Abbiamo visto che il contatto troverà un annuncio mentre sta navigando in tutta tranquillità su facebook, se questo annuncio sarà di suo interesse, cliccando, si aprirà una Landing Page dove il contatto lascerà il suo nome e la sua mail in cambio di un regalo Magnete e per ricevere maggiori informazioni riguardante l'argomento interessato.

Adesso, dopo questa fase e dopo che il contatto avrà scaricato il suo regalo magnete, inizierà a ricevere le mail di follow up ma adesso la cosa importante è dare la possibilità al contatto di acquistare il prodotto/servizio che tu stai proponendo.

Come è possibile farsi che il cliente acquisti il tuo Prodotto?

Bravissimo…. Con la Sales page.

La sales page infatti non è altro che una pagina, strutturata come la landing page dove però il contatto, cliccando l'apposito tasto che trova al suo interno ha la possibilità di acquistare il prodotto o il servizio.

E' possibile creare questo con diversi servizi di pagamento on-line, uno tra tutti molto semplice e veloce da utilizzare è Paypall.

Infatti Paypall ti dà la possibilità sia di acquistare dei prodotti ma anche di ricevere dei pagamenti.

Puoi creare un tuo account in maniera molto semplice, aprendo un tuo account in maniera gratuita, puoi iniziare impostando un account come persona fisica ed in un secondo momento creare un account aziendale nel momento in cui i tuoi guadagni si fanno interessanti.

Capitolo 9
Il Funnel.

Gli americani chiamano cosi questo sistema perché il processo di acquisizione clienti assomiglia ad un imbuto, infatti in inglese Funnel significa proprio imbuto.

Immagine.

Come puoi vedere nell'immagine questo è il percorso che i tuoi contatti fanno dal Punto A "Facebook Ads" al Punto B " "Sales Page"

Cioè è il percorso da quando il cliente vede per la prima volta l'annuncio sponsorizzato su facebook a quando deciderà di acquistare il tuo prodotto.

Un esempio reale è quello che ho utilizzato per un sistema di reclutamento automatico per un business strutturato con il network marketing per una azienda che vende un servizio pubblicitario per le imprese che vogliono avere una visibilità sul web, attraverso la creazione di un sito web, l'inserimento in un portale, che è un motore di ricerca, specifico per le aziende con indicizzazione nei motori di ricerca, come Google, attraverso l'inserimento di parole chiave e descrizioni del prodotto che non sono altro che dei servizi, le Key work e Key description che, per chi ha competenza dei linguaggi di programmazione si inseriscono all'interno dei meta tag del linguaggio fi programmazione HTML, e l' inserimento in una App per smart phone, Geolocalizzata, che permette al cliente di individuare nel raggio di 10 kilometri tutte le aziende che si trovano intorno all'utente con le diverse categorie: Ristoranti, Hotel, Abbigliamento, Servizi locali ecc.

Quindi un prodotto/servizio che permette alle aziende di avere un marketing a 360° per il proprio business in maniera semplice, veloce ma soprattutto efficace.

Il Test di Web Social Marketing ha generato dei risultati sorprendenti.

Ho creato due sistemi di reclutamento automatico:

1. Per la Vendita del Prodotto
2. Per il Reclutamento di collaboratori in tutto il territorio Italia.

In questo caso analizzeremo il secondo Funnel quello per il reclutamento automatico che permette di inserire nuovi collaboratori in azienda.

Con un Investimento di soli € 150 il link sponsorizzato su Facebook è stato visto da più di 35.000 utenti, di questi 152 sono entrati nella lista all'interno del Software di mail marketing.

Di questi 152 già nelle prime 4 mail 22 persone si sono registrate facendo un investimento di 200 dollari.

Come puoi vedere è molto semplice calcolare i costi e benefici che questa operazione di marketing ha generato

Basta dividere calcolare la proporzione

22 x 200 = 4.400

E quindi la proporzione è se 150 : 100 = 4.400 : X

X = (4.400 x 100) / 150 = 2.933%

Il ROI quindi il ritorno sull'investimento è del 2.933 %

Il ROI è il risvolto della medaglia cioè ci fa capire se un investimento di marketing è efficace oppure no.

Questo sistema che io ho chiamato Web Social Marketing di dà un chiaro controllo del Marketing e ti fa subito capire quanto è efficace questo sistema di reclutamento automatico.

Capitolo 10
"Creare contatto e valore"

Ok, ora che abbiamo fatto un excursus generale su come è cambiato il mondo di comunicare in questi 10 anni siamo giunti al momento di stringere relazioni con il tuo lead, il tuo contatto.

Diventerete amici se lo tratterai come tale e lo aiuterai a risolvere il propri problemi, dando valore e formandolo verso un percorso di marketing formativo, ed oltre tutto alla fine potrete anche diventare ottimi soci di affari.

Quindi un metodo che ti consiglio, dopo magari aver creato anche il tuo blog, oltre che aver creato il tuo brand su facebook e che quindi ormai l'utente/cliente ti veda come un esperto in quel settore e voglia seguirti e comprare da te anche gli up selling che proporrai in futuro, con offerte e promozioni e lanci di nuovi prodotti, di creare dei webinar, o delle conferenze skiype ad esempio, sia gratuite che a pagamento.

Un altro consiglio e quello di scrivere un libro,

Un Libro???

SI, proprio come sto facendo io che a scuola non ero molto bravo a scrivere i temi, magari perchè non erano di mio interesse e adesso invece sto scrivendo a raffica da quasi una settimana.

Si perché il libro ti dà l'autorità, uno dei principi importanti della comunicazione persuasiva, e ti fa riconoscere come il migliore.

"per esempio questa sera, venerdì   25 novembre 2018 ho organizzato un webinar con i ragazzi del team aziendale.

Eravamo 22 persone ed ho tenuto un corso di formazione ai ragazzi/e dando valore su informazioni di advertising che risolvevano i loro blocchi, i loro indovinelli.

Fatto questo alla fine ho seguito un script per introdurre e presentare il mio lancio Web social Marketing, facendo vedere alla fine un video e rilasciando alla fine il link per registrarti nella landing page.

Su 22, il 60% si è iscritto dopo un minuto, gli altri domani, ma solo se tu glielo ricorderai nella mail che hai impostato nel tuo autoresponder ricordandogli di iscriversi.

Quindi cosa ho fatto?? Ho intrattenuto ho creato relazione, anche se virtuale con molti di questi abbiamo fatto anche delle formazioni live.

Stringi relazioni, fidelizza e continua a costruire la tua list ricorda the money in the list.

Capitolo 11
La Mia Storia

Arrivato a questo punto, e quasi giunto il punto di salutarci, ma prima vogliono raccontarti un storia, e come tutto ciò si è creato da un sogno inconscio che avevo da piccolo.

Ero piccolo, io sono nato nel gennaio del 79 e avevo nove anni, anni 80/90 quindi.

Quel giorno arrivò mia madre, io ero appena tornato da scuola e stavo guardando la tv, la vidi un po' triste in viso ma in mano teneva una specie di tastiera.

Entro lo poggiò per terra, quasi per disfarsi del flagello, come quasi le pesasse la situazione che stava passando.

Io le domandai, mamma cosa è ?? lei mi disse "un computer, manco so come si monta"

Io lo guardai ed ho visto che c'erano dei fili da collegare a qualcosa, collego tutto, c'era una tastiera, un mangianastri a cassette, e un joystick.

In un attimo lo attaccai al televisione e accesi questa macchina per me sconosciuta.

All'improvviso comparve un cursore sullo schermo, ed a me in quel momento mi si apri un mondo, non mi ricordo cosa feci, avvia la cassetta che c'era dentro e mi parti, dopo una 20 di minuti almeno, un gioco.

Entrò mia madre, dopo aver appoggiato la spesa che portava insieme al computer, mi vide e mi disse, "ma come hai fatto???" io la guardai sorridendo.

Alla fine, dopo 20 minuti parte un gioco, mi ricordo ancora si chiamava "10.000 mila leghe sotto i mari".

Era una specie di ranocchio che doveva scendere nel monitor, sotto acqua, per prendere degli oggetti, risalire senza sbattere con delle specie di pesci e tronchi, ostacoli sa superare.

Ma a me mi colpi sopratutto quel cursore, capii che con quella cosa si potevano fare tante altre, cose.

Ovviamente io non sono Steve Jobs, ma avevo capito che con quella macchina si potevano fare tante cose.

Dopo qualche tempo mi trovai un libro che spiegava un linguaggio di programmazione basic, alla fine del corso, seguendo una lista di comandi inizia a scrivere dei codici e, dopo ore di scrivere codici, creai un gioco.

Un gioco?? Si!!! Il gioco dell'impiccato.

In Pratica comparivano delle parole, che avevo scritto prima, e poi nella grafica compariva un omino che se non indovinavi le lettere delle parole impostate entro la costruzione dell'omino perdevi, se no vincevi.

In quel momento quasi al finale, quando avevo finito tutto questo, entra sempre mia madre e mi dice, "che fai ancora sveglio? ", ed io "mamma ho fatto un gioco, con questa macchina un giorno si potrà comunicare".

Penso mia madre avrà pensato, "un figghu foddi proprio a mia mi capitau", che tradotto in italiano significa "ho un figlio pazzo".

In realtà poi ho sempre avuto questa fissa di comunicare con le persone tramite quella macchina, che era un Vic 20 e poi commodore 64, per chi se lo ricorda.

La mia passione per il pc per il web e per le novità, mi hanno sempre appassionato, ed oggi sono il presidente in Italia di una multi nazionale e faccio formazione in inglese a persone provenienti da tutto il mondo.

Forse è proprio vero che avevo un sogno, ed inconsciamente oggi in qualche modo è diventato realtà.

Molte volte dimentichiamo i sogni che avevamo da bambini ed ho voluto raccontarti questa storia solo per ricordarti che se forse hai chiuso il tuo sogno in qualche cassetto, prendilo mettilo nel tuo cuore perchè un giorno diventerà realtà.

Capitolo 12
Siamo alla fine.

Siamo arrivati alla fine del libro, e non so come e non so perché sono arrivato a scriverlo in qualche modo.

Adesso hai capito come in questi ultimi anni è cambiato tutto, il modo di comunicare di muoversi di fare marketing.

"Se non ti evolvi di estingui diceva darwin"

E non vedo più dinosauri in giro, vedo la medusa, che si è adattata ai cambiamenti e altre specie, ma non vedo i dinosauri.

Quindi questo, spero sia servito un po' per farti evolvere e farti capire che il modo di fare marketing oggi è cambiato, e rimanere a fare le stesse cose che si facevano 20 anni fa si rischia di fare la fine dei dinosauri del Marketing.

Buon cambiamento e buona Evoluzione.

Capitolo Bonus
Un Regalo Per Te

Eccoci ancora insieme in questo ultimo capitolo ho deciso all'ultimo minuto di farti un Regalo e ti spiego anche il Perché.

Come sai questo libro è stato scritto durante un viaggio e dopo un percorso interno ed esterno finalmente ho deciso di pubblicarlo.

Ho deciso di farlo e superare questa paura perché so che non è un grandissimo libro ma so anche che di sicuro ti avrà dato qualche spunto interessante.

Infatti questo libro è rimasto nel cassetto per un po' proprio per quella paura che mi ha fatto rimandare in questo tempo.

Anche se in questi ultimi 5 mesi la mia vita è totalmente Cambiata e tra un po' voglio raccontarti il perché.

Infatti la cosa che mi ha spinto maggiormente ha lanciare questo libro nel mercato è stato il Team che ho creato in questi ultimi 5 mesi (da

Gennaio 2018 a Maggio 2018) "Il Team dei 100 Leader"

Il Team dei 100 Leader nasce dopo un anno dalla mia carica di Presidente Italia della Azienda Aiyellow.

Infatti il primo anno mi sono ritrovato un Team che non conoscevo che ho dovuto formare da zero ma che non avevo scelto IO.

Se penso alle formazione che facevo per distruggere delle credenze assurde per me oggi ed il mio Team mi viene la pelle d'oca.

Ad un certo Punto dopo un anno mi sono accorto che io creavo ma il team si distruggeva, o meglio c'era qualcuno che distruggeva sia il Team che soprattutto la mia Leadership.

Ho dovuto capire con Attenzione prima ho eliminato uno, poi un altro e alla fine stavo per pensare che la colpa fosse mia.

Poi però ad un certo punto feci una cena con il mio Sponsor (Networker di vecchia scuola) un Dinosauro del Network e li ho capito veramente che il problema era alla base.

Parlando, parlando anzi litigando, litigando mi rendo conto che avevamo 2 scuole di pensiero completamente diverse e il suo modo arcaico di lavorare distruggeva il Team e anche la mia Leadership.

Ad Un certo punto mentre parlavamo lui mi disse:

Sponsor: "Sai Antonio Tu hai un ottima comunicazione sei molto bravo a vendere e sul palco spacchi perché sei un grande comunicatore ma non hai leadership, la gente non ti segue"

Tornando a Casa ripensai a questa frase e anche se ci rimasi molto male e presi un bel colpo in fronte, pensando e ripensando capi che aveva ragione che era vero NON AVEVO LEADERSHIP.

Perché in effetti io già cercavo di insegnare queste tecniche di lead   Generation alle persone che ovviamente vedevano me che inserivo una media di 15 diretti al mese e loro zero, forse uno o al massimo 2 e mi chiedevano come funzionassero questi sistemi di Leader Generation tramite i social Network e Le Facebook Ads.

Ma in Realtà ogni volta che cercavo di spiegare questi sistemi arrivava la sua voce che diceva:

Sponsor: Antonio con ste Facebook Ads ci hai rotto il AZZ il Network è semplicità devi spiegare alle persone come fare la lista nomi e come chiamare le persone non puoi spiegare queste cose perché queste cose le sai fare solo tu perché sei laureato, sei appassionato di marketing e con il pc sei un mostro.

Invece non era affatto così ed infatti ho capito che il problema magari non erano le persone che avevo eliminato prima ma il Problema era proprio lui "Il Problema era alla Radice".

Infatti quando io nelle formazioni cercavo di spiegare questi sistemi poi dopo alla fine qualcuno chiamava lui e lui gli diceva:

Sponsor: No ma Antonio non è buono fai come me che è 20 anni che faccio cosi io sono più grande, io sono più bravo, io sono, più buono.

Ed infatti 20 anni fa si faceva cosi il Network Marketing non oggi.

Ed infatti quel giorno decisi di cancellarlo e bloccarlo da tutti i miei contatti e social ed infatti lui a oggi (non so se leggerà il mio libro e magari lo scoprirà) è convinto che io non faccio più Aiyellow, quando sono presidente e in questi ultimi mesi grazie al mio sistema di funnel e lead generation oggi ho creato un TEAM di 100 Leader a cui ho trasferito tutte le mie competenze e tutti i miei sistemi di Lead Generation.

Quindi un giorno a fine Novembre inizio dicembre 2017 decido di ripartire da capo e creare un Team di Veri Leader un team che avrei scelto io, un team di gente nuova, gente pulita gente che aveva voglia di lavorare come dei veri professionisti del Network Marketing attraverso i sistemi di Funnel che oggi usano ogni giorno.

Pensa grazie ad un Funnel ho inserito 30 diretti nei primi 2 mesi e altri 70 diretti in duplicazione trasferendo tutto il mio sapere al mio team e addirittura un Funnel con 18 Passaggi pronto Copia ed incolla.

Ho pensato se è vero che il 94% dei Netwoker Fallisce perché ancora ci sono Dinosauri del Network Marketing che duplicano la lista nomi, e telefonate a freddo e anche vero che anche se le persone hanno capito che per Fare NM è necessario creare un sistema di Marketing basato sulla lead generation attraverso i Funnel e il Social Marketing e altrettanto vero che il 90% dei Studenti di queste accademia non riesce a creare questi Funnel ..... Perché?

Semplice, intanto per tutta una serie di difficoltà tecniche per usare i software di Funnel e Mail Marketing come collegarli e come lanciare le campagna di marketing efficace oltre che le non conoscenze di Audio ,Video, Editing, montaggio ecc, ma soprattutto la Paura.

Si Hai Capito Bene La Paura.

Perché la cosa principale che blocca le persone e la paura di mettersi davanti ad una telecamera e parlare registrarsi o magari fare delle dirette su Facebook o Youtube e per Paura di lanciarsi nel mercato e ricevere il giudizio della gente.

Questo è quello che ho fatto io con il mio Team, fargli passare la Paura ed essere incoraggiati.

Avere una Mappa ben precisa e dettagliata e una guida un coach che lo segue e lo riprende se magari si sta per perdere e insieme arrivano alla fine del bosco, al traguardo dove li attende il tanto meritato successo.

Quindi io Ho fornito al mio Team un Funnel dove possono sfruttare i miei funnel con i miei video, i miei script, la mia comunicazione, delle mai reimpostate e tutto quello che serve per andare a lanciare direttamente il Funnel sui Social e iniziare ad acquisire contatti caldi da inserire nella propria organizzazione nel proprio Team.

Infatti l'unica cosa che il mio team deve fare è personalizzare i Tasti inserendo il proprio link Referal che gli permette di inserire le persone nel proprio Team.

Oggi questo Funnel mi ha permesso di inserire 100 persone in un TEAM facendoli diventare dei veri Leader nel Network Marketing.

Questo Funnel è il primo caso studio in Italia che ha permesso di Generare dei Roi dei 1200% e anche del 2400% oltre che a me anche anzi direi soprattutto a tutto il Team.

E pensa una cosa immagina che questo funnel nel primo anno mi abbia potuto generare 50.000 euro duplicato ad un Team di 100 Leader in un anno potrebbe generare 5.000.000 milioni di euro che andranno a finire nelle tasche del mio Team.

Per questo libro sono stati loro ad incoraggiarmi e farmi prendere la decisione di lanciarlo perché per primi hanno avuto la possibilità di scaricare il primo capitolo nel pre-lancio on-line e oggi voglio fartelo conoscere.

Voglio farti un Regalo come promesso e da qui da questo link puoi vedere 3 video Gratuiti per far parte anche tu, se lo vorrai, del mio Team di 100 Leader ma solo se avrai 2 caratteristiche e accenderai i 2 semafori con il colore verde.

1. Devi aver capito che il NM può essere un'attività imprenditoriale molto seria e redditizia ma se fatta in maniera seria, con una azienda seria, che paga da diversi anni.

2. E soprattutto che, non dico ti fornisca come io ho fatto con il mio team ma che almeno ti permetta di utilizzare gli attuali sistemi di lead generation i Funnel di Marketing e ti permetta di costruire un sistema lavoro efficace e duplicabile.

Qui Trovi il Link per scoprire come entrare nel mio Team:
https://seretour.clickfunnels.com/100leader

Inoltre l'altro motivo che mi ha spinto a lanciare che questo libro è che ormai è quasi pronto anche il secondo libro dove ti insegnerò come diventare un Leader in una azienda di Network Marketing in 30 giorni e quali sono i 10 passi per diventarlo.

Quindi Grazie e ci Vediamo nel Prossimo Libro e nel Primo video che troverai andando nel link che ti ho messo li in alto come regalo.

www.ingramcontent.com/pod-product-compliance
Lightning Source LLC
Chambersburg PA
CBHW071226220526
45468CB00002B/755